DE PAR LE ROI.

PROCLAMATION.

Pierre-René-Marie, Comte DE VAUGIRAUD, Vice-Amiral, grand-croix de l'Ordre royal et militaire de Saint-Louis, Officier de la Légion d'honneur, Gouverneur, Lieutenant-Général de l'île de la Martinique et dépendances, etc. etc.;

Louis-François DU BUC, chevalier de l'Ordre royal et militaire de Saint-Louis et de la Légion d'honneur, Intendant de ladite île;

A tous les loyaux sujets du Roi, et aux braves militaires de terre et de mer de cette colonie.

Dès les premiers momens de la crise qui agite de nouveau l'Europe, la pensée de votre Roi, constamment fixée sur le sort de ses enfans, quel que soit l'intervalle qui les sépare de lui, s'est unie à celle de ses alliés pour vous préserver de tous désastres.

Les effets de sa puissante intervention en votre faveur n'ont pas tardé à se manifester. Fidèle à ses traités, le Gouvernement britannique ne sépare pas sa cause de celle du Roi Très-Chrétien. Leurs Excellences sir James Leith et sir Charles Durham ont ordre de se joindre à nous, dans cet archipel, pour le maintien de la souveraineté de la Martinique à la couronne de France, sous l'immortelle bannière de son Monarque légitime.

Ils viennent, au nom de leur Souverain, ils viennent, au nom du vôtre, assurer à cette île favorisée de la Providence, le repos que ce Prince et leurs Alliés avaient rendu au monde, et que le monde

1

n'a pu conserver ; ils viennent nous aider à garantir du fléau de la guerre votre agriculture, votre commerce, tous les genres de prospérité dont votre sol est susceptible ; ils viennent enfin soutenir avec vous, sur le même sol, la gloire du nom français, attachée irrévocablement aujourd'hui aux destinées de Louis-le-Désiré et de son auguste Maison.

Vous allez lire à quelles nobles conditions ces généreux auxiliaires s'approchent de vos rivages; ils ne veulent d'autre prix de leurs importans services, que le bonheur de vous les avoir rendus. Accueillez-les avec reconnaissance, et songez que si, d'un côté, les factieux de nos jours nous rappellent ceux de la ligue, de l'autre, les Souverains de France et d'Angleterre, confondant leurs drapeaux, offrent à nos regards le consolant aspect des dignes successeurs de Henri et d'Elisabeth.

Donné à la Martinique, le 4 juillet 1815.

LE COMTE DE VAUGIRAUD.

DU BUC.

VIVE LE ROI!

Convention proposée par Son Excellence sir JAMES LEITH, grand-croix de l'Ordre du Bain, Lieutenant-Général, Capitaine-Général et Commandant des forces de terre de Sa Majesté britannique, etc., et acceptée par Son Excellence le Vice-Amiral Comte DE VAUGIRAUD, grand-croix de l'Ordre royal et militaire de Saint-Louis, Officier de la Légion d'honneur, Gouverneur-Lieutenant-Général pour Sa Majesté Très-Chrétienne, de l'île de la Martinique et dépendances, etc. etc., et M. LOUIS-FRANÇOIS DU BUC, Chevalier de l'Ordre royal et militaire de Saint-Louis et de la Légion d'honneur, Intendant pour Sa Majesté Très-Chrétienne de ladite île.

(3)

CONDITIONS

Sous lesquelles je propose de donner l'assistance d'une force de terre britannique, pour maintenir la souveraineté de Sa Majesté Très-Chrétienne Louis XVIII, sur l'île de la Martinique.

Quartier-général de la Barbade, le 20 mai 1815.

I.

L'entière souveraineté de l'île demeurera au nom et sous le pavillon de Louis XVIII, Roi de France et de Navarre.

II.

Les troupes britanniques occuperont le fort Royal, le fort Bourbon, la redoute Bouillé et l'îlet à Ramiers, et agiront, sous tous les rapports, comme une force auxiliaire pour assister son Excellence le Comte De Vaugiraud dans l'exercice du gouvernement pour son Souverain.

III.

Les troupes britanniques seront aux frais de Sa Majesté britannique, recevant toutefois sur les lieux toute assistance amicale à l'égard des vivres à se procurer, et qu'elles paieront suivant qu'il est d'usage.

IV.

Les troupes britanniques seront tenues en bonne discipline, et tous actes contraires au bon ordre seront promptement punis, suivant les lois militaires britanniques. Elles ne seront néanmoins pas soumises aux lois françaises de la colonie; mais, d'un autre côté, les troupes britanniques appelleront aux lois coloniales sous le gouvernement de Sa Majesté Très-Chrétienne, dans le cas où elles auraient à se plaindre de quelques-uns de ses sujets, dont les personnes et les propriétés seront complètement respectées par les officiers et soldats de Sa Majesté britannique.

Je souscris cette stipulation au nom de mon Souverain, et je promets de la maintenir autant qu'elle soit réciproquement garantie par son Excellence le comte De Vaugiraud, qui demeure dans la pleine possession et l'entier exercice du gouvernement.

Toutes tentatives pour arborer le pavillon tricolore ou l'étendard de l'usurpateur Buonaparte, seront mutuellement réprimées par la force des armes; et ceux qui auraient fait ces tentatives seront traités comme ennemis des Souverains alliés de la Grande-Bretagne et de la France.

Signé *James* LEITH,

Lieutenant-Général, Capitaine-Général-Commandant en chef des forces de terre de Sa Majesté britannique.

Accepté conjointement et séparément, chacun en ce qui nous concerne, au nom de Sa Majesté Très-Chrétienne Louis XVIII, Roi de France et de Navarre, notre Souverain, la présente convention, que nous promettons de maintenir, étant réciproquement garantie comme ci-dessus, par son Excellence sir James Leith, au nom de son Souverain.

Fait au fort Royal-Martinique, le 23 mars 1815.

Le comte DE VAUGIRAUD,

Gouverneur-général.

DU BUC,

Intendant.

Adresse du Conseil souverain de la Martinique, à M. Du Buc, Intendant de la Martinique.

Le 8 juillet 1815.

Le Conseil supérieur de la Martinique remplirait mal ses devoirs, il ne répondrait pas à la confiance de la colonie, s'il ne s'empressait de vous offrir sa reconnaissance pour tout ce que vous venez de faire dans des circonstances aussi difficiles. Sa Majesté, en vous confiant l'administration de cette partie de son royaume, a voulu récompenser les colons, dont la fidélité lui était connue. Elle n'ignorait pas que déjà vous aviez préservé la Martinique des désordres de la révolution ; en vous chargeant de consolider votre ouvrage, sa prévoyance n'a point été trompée. Par un heureux concert avec M. le gouverneur, vous avez écarté la guerre de nos rivages. Sous l'égide du pavillon blanc, ralliés sous la bannière des Lys, nous jouissons de tous les avantages de la paix, et nous n'avons qu'à gémir sur le malheur de nos frères. Le dévoûment des colons est affermi par la confiance que vous leur inspirez.

La Martinique s'enorgueillit de voir un de ses enfans la diriger dans le chemin de l'honneur, et mériter les éloges que la postérité assure aux sujets fidèles ; la trahison entoure le trône, et le meilleur des Rois a la douleur de se voir abandonné par ceux qu'il a comblés de bienfaits. Il est beau pour nous d'offrir un spectacle différent, et de conserver intacts tous les principes qui assurent la tranquillité et repoussent l'anarchie. Le conseil supérieur, au nom de la colonie, vous remercie, Monsieur l'Intendant, du bonheur que vous lui procurez ; votre gloire ne lui est point étrangère, puisque vous le présidez, en agissant au nom de leurs concitoyens. Tous les membres du conseil éprouvent donc un sentiment particulier. Recevez-en l'expression, comme celui du respect avec lequel nous sommes,

Monsieur l'Intendant,

Vos très-humbles et très-obéissans serviteurs,

Signé : Duval de Grenonville ; Périnel, *président* ; L. de Fougainville ; James de la Caje ; le chevalier Faure ; le Jeune de la Motte ; Jean Hugues des Etages ; Le Pelletier des Tournelles ; Alphonse Bourke ; Desgrottes de Saint-Juste ; Richen de Lucy ; Mascas fils ; Caqueray de Valminières, *procureur-général* ; Arthur Bance, *substitut* ; Rondeau, *greffier*.

Séance du Conseil souverain de la Martinique, le 5 juillet 1815, dans laquelle les nouveaux pouvoirs de M. le comte De Vaugiraud ont été enregistrés. Discours de M. De Vaugiraud.

Messieurs,

Avant de vous faire connaître le motif qui m'amène auprès de vous, je veux, en votre personne, exprimer à la colonie toute ma reconnaissance de l'élan général qui s'est manifesté pour la cause du Roi dans la nouvelle crise que nous avons éprouvée.

Son heureux résultat doit être attribué à l'amour et à la fidélité des colons, et à la conviction que j'avais d'avance, que la détermination prise serait secondée par eux et par chacun de vous, Messieurs, qui, sur quelque point de la colonie que vous soyez, ne cessez de donner à vos concitoyens l'exemple de tous les devoirs.

Le premier et le plus doux de ceux que j'ai maintenant à remplir, est de rendre compte à Sa Majesté de tout ce que je dois à votre zèle et au leur, à celui de tous les fonctionnaires publics, et spécialement à la manière dont j'ai été secondé par M. Du Buc, mon adjoint, dans l'exécution des mesures qui nous ont conduits à voir la colonie plus tranquille et plus affermie que jamais sous le pavillon désormais immuable du meilleur des Rois.

Veuillez, Messieurs, faire enregistrer, conformément aux ordres de Sa Majesté, les nouveaux pouvoirs dont elle m'honore.

Ils imposent à mon dévoûment une augmentation de travaux et d'efforts pénibles dont j'éprouverai un dédommagement bien cher à mon cœur, s'ils me mettent à même d'être utile à ses fidèles sujets, dans le reste des Antilles.

Signé LE COMTE DE VAUGIRAUD.

Lettre du Commerce de la Martinique, au Ministre de la Marine,
ce 18 Mai 1816.

MONSEIGNEUR,

Nous devons à M. l'Intendant de la Martinique, nous devons à nous-mêmes de détruire les calomnies qui se débitent contre un administrateur intact. Des bruits absurdes circulent en France, et particulièrement dans Paris, contre M. Du Buc. Une accusation injuste peut s'accréditer au loin, sur-tout quand elle n'est pas contredite ; il est donc de notre devoir de faire connaître la vérité à Votre Excellence : c'est un besoin pour notre conscience, c'est un tribut que nous acquittons envers le mérite injustement accusé.

Nous ne parlerons pas, Monseigneur, des services rendus à l'État, et sur-tout à la Martinique, par M. Du Buc, pendant les vingt-cinq années qui ont précédé son administration actuelle ; ils sont trop connus pour qu'il soit besoin de les rappeler. Nous ne nous étendrons pas sur sa conduite durant la dernière crise politique ; ferme et prudent, énergique et modéré, elle a grandement contribué au salut de la colonie. Le souvenir du passé inspirait une telle confiance, que sa présence seule était une garantie. Mais c'est sa conduite administrative qu'on ose attaquer, c'est son intégrité qu'on cherche à flétrir dans l'opinion publique. Non, Monseigneur, la calomnie dans son délire ne peut l'atteindre ; nous vous le déclarons, jamais administration ne fut plus pure. La colonie et la place de Saint-Pierre ne peuvent que se louer de l'esprit de justice qui préside à toutes les décisions de M. l'Intendant, et tous les jours la Martinique reçoit de nouvelles preuves de son habileté dans le maniement des affaires. Pendant les temps les plus difficiles, M. Du Buc a ménagé les intérêts de tous. Il a protégé la culture, encouragé le commerce ; les finances de la colonie sont dans le meilleur ordre; le service du trésor se fait avec exactitude; le crédit du Gouvernement est assuré, et ne lui manquerait pas s'il se trouvait dans le cas d'en faire usage. M. Du Buc s'occupe avec activité de toutes les branches de l'administration intérieure; il répare, il améliore, il crée, et beaucoup de bien a été fait en peu de temps. Toujours accessible, il est entièrement au public. Jamais les administrés ne virent leurs réclamations écoutées avec plus d'intérêt et redressées avec plus de justice. Tels sont, Monseigneur, les témoignages que l'amour de la vérité, de même que l'intérêt de la colonie et du commerce nous portent à vous rendre de l'administrateur que le Roi nous a donné. Puisse Sa Majesté être toujours et par-tout aussi bien servie !

  Nous avons l'honneur d'être, Monseigneur, avec le plus profond respect,

    De Votre Excellence,

  Les très-humbles et obéissans serviteurs,

Signé : Dupuy et Cᵉ; Lalanne; Vatable; P. Laugier; Joyau; La Dame et Cᵉ; Middleton; Vatable; J. Vanelin; J. Segond; De Favart; La Chaussée; A. de Loison; Secquet et Cᵉ; Thébaudière et Manavit; Clausel; D'Avrainville; Rivet-Saint-Michel; Perin et Duhan; Rittad; Dominique Genty; L. Casavant; Jean Reucle et Cᵉ; Poncy; Antoine de l'Horme; Garante; Louis Degage; L. Degage; Paris et Thouron; Charles Rancé; Lalung-Montrop; J. Bourdillon; Huard; Bellot; Jung et Cᵉ; veuve Faure et fils; Fabre; L'Hôtelier; Arnoux; Rivet et Cᵉ; Seignoret et Dulieu; Marc et Requiem; Bon aîné; Belloncle; Rondeau; Marcan; Jultle; Pitcher; veuve Train; Jmbert et Cᵉ; Henri Maynard; Levilloux; Jean Omullane; X. Fleury; Kirward et Cᵉ; Bⁿᵉ Thore et Cᵉ; Beaudru; Valton; N. Decasse; Pitaud la Rifandière; Blondel la Rougerie; veuve Cassagne et fils; Contine frères; Bondy fils; Gimbert et Cᵉ; Carré - Videloux; Jouques aîné; Patrice; Meizeng et Cᵉ; Charles Gervais,

---

EXTRAIT

Des registres du Conseil supérieur de l'île Martinique.

Monsieur l'Intendant ayant manifesté l'intention d'exposer dans une séance publique le compte de l'administration des finances de la Colonie, depuis l'époque où il est venu prendre l'exercice des fonctions qui lui sont confiées par Sa Majesté ;

La cour étant assemblée dans la salle ordinaire de ses séances, et présidée par M. l'Intendant lui-même, a député deux de messieurs vers son Excellence M. le comte De Vaugiraud, gouverneur-général, afin de l'inviter à se transporter en la cour.

M. le Gouverneur est entré précédé de la députation de la cour, et accompagné de M. le baron de la Barthe, commandant en second de la Colonie, de son état-major et de M. le Secrétaire-général du gouvernement.

M. le Gouverneur a pris place dans le fauteuil, ayant à sa droite M. l'Intendant, présidant la cour, à sa gauche, M. le commandant en second.

Au milieu de cette assemblée, et en présence d'un nombreux auditoire, M. l'Intendant a pris la parole, et a dit :

Messieurs,

Aucune loi, aucune ordonnance du Roi n'impose à l'administrateur en chef des finances dans cette colonie, l'obligation d'en rendre compte sur les lieux. C'est au ministre de Sa Majesté, chargé du département de la marine et des colonies, que ce compte doit être rendu. Cependant quelques-uns de mes prédécesseurs ont mis sous les yeux du conseil, le résumé des recettes opérées dans la colonie, et qui composaient ce que l'on appelait alors l'imposition coloniale, imposition qui ne formait qu'une petite portion de la somme destinée aux dépenses de l'année, attendu que la majeure partie de cette somme était envoyée de France en espèces. Aujourd'hui que la presque totalité des fonds qui doivent subvenir aux dépenses, provient des perceptions locales, j'ai pensé

que je pouvais donner plus d'extension à une mesure qui ne fut point désapprouvée dans le temps par l'autorité suprême ; j'ai cru qu'il serait utile au
service du Roi , agréable à la colonie , en même temps que très-satisfaisant
pour moi-même , de vous exposer publiquement, non-seulement quel a été
le montant des recettes en tout genre , mais encore quelles en ont été les diverses
applications. Pour vous faire connaître dans le plus minutieux détail ces applications , quelque délai eût encore été nécessaire , parce que le dépouillement
des chapitres de dépenses , dans toutes leurs ramifications , exige plus de temps
qu'il ne s'en est écoulé depuis le trente-un décembre 1815. Ces détails pourront
être mis sous vos yeux avec précision à la séance de mai. En attendant , ceux
que je vais vous exposer suffiront pour vous donner une idée exacte de l'ensemble , et même des parties les plus importantes qui le composent.

Avant d'entrer en matière , il est à propos de vous rappeler l'état des choses,
relativement aux finances de la colonie , au début de mon administration
actuelle. L'administration précédente étant demeurée chargée d'acquitter les
dépenses de son exercice , a conservé à cet effet les fonds et les recettes appartenans à cet exercice. Si , en fin de compte , il y a excédent de recette , cet
excédent sera versé dans la caisse du trésorier receveur général ; mais jusques
à présent ce versement n'a pu s'opérer , et il sera , en dernière analyse , peu
considérable.

Les premiers moyens de l'administration actuelle ont donc été bornés à une
somme de cent cinquante mille francs , envoyée de France avec l'expédition ;
et comme la première division de cette expédition était arrivée ici dès le neuf
d'octobre 1814 , les dépenses ont commencé à cette date. Les recettes n'ont
pu commencer qu'en décembre.

Vous savez , Messieurs , en quel état étaient les bâtimens publics , lors de la
reprise de possession. Tout était à réparer ou même à reconstruire ; il fallait
créer un mobilier de casernes , d'hôpitaux et de toutes les parties du service.
La plupart des articles , vivres et approvisionnemens , étaient à un prix très-
élevé , notamment ceux du commerce des Etats-Unis , tels que bois , madriers
et planches. La masse des dépenses était donc si forte , qu'on pouvait appréhender de n'y pas suffire par des recettes qui étaient très-éventuelles ; et je
puis dire qu'il n'est pas un seul des officiers d'administration qui n'éprouvât
cette appréhension. Toutefois , convaincu par des calculs faits sur des bases
assez certaines , que ces recettes seraient suffisantes ; je conservai à cet égard
une confiance que les résultats ont justifiée. A aucune époque antérieure les
payemens n'ont été faits avec plus de ponctualité. Ceux mêmes qui par leur
nature sont susceptibles de délai , n'en ont jamais éprouvé.

Voici, Messieurs, le tableau des recettes. Toutes les sommes y sont portées
en argent de France.

	fr.	c.
Fonds venus de France.	150,000	00
Idem.	60,000	00
Idem. Avance faite en France au régiment de la Martinique, 26ᵉ de ligne.	20,000	00
Idem. Produit de la retenue de 3 pour 100 au profit de la caisse des Invalides de la marine, lequel est versé ici dans la caisse royale, et qui est considéré comme un fonds envoyé de la métropole, attendu que le remplacement en est fait en France dans la caisse générale des Invalides.	80,753	69
Idem. Délégation d'un officier à sa femme en France.	500	00
	311,253	09

Impôts sur la colonie, dont le produit est versé dans la
caisse royale.

1° Contributions remplaçant la capitation
des esclaves attachés aux grandes cultures. . . . 585,822 37
2° Capitation et loyers de maisons. , . . 129,278 47

715,100 84

DOUANES.

	fr.	c.
Droits d'entrée de toute espèce, et de sortie, dit *domaine d'occident*.	2,407,377	57
Francisations et congés.	7,736	20
Recettes domaniales.	78,197	50
Recettes extraordinaires.	10,856	47
Cinq centimes additionnels sur toute nature de contribution, pour faire face aux dégrèvemens et non-valeurs, et aux taxations du comptable.	153,568	38
	3,684,090	05

C'est ici le lieu de relever une erreur que la malveillance, en
s'aidant de l'ignorance, est parvenue à accréditer. Quelques-
uns ont feint de croire, d'autres ont cru en effet que ces centimes additionnels étaient accordés au receveur, et lui composaient des émolumens énormes. La vérité est que la remise au
receveur-général n'est que de un et un quart pour cent, sur
toute espèce de recette. Je pense qu'il n'est aucun juge com-

pétent en pareille matière , qui ne prononce que cette remise , loin d'être trop forte , est très-modique , à l'égard d'un comptable sur lequel pèse une responsabilité aussi étendue.

De la somme totale des recettes ci-dessus , deux cent soixante-huit mille sept cent trente-huit francs cinquante centimes appartiennent à l'exercice de 1814 , et se composent de

	fr.	c.
Envoi de la métropole.	150,000	00
Caisse des Invalides. . . . . , ...	8,293	09
Imposition coloniale.	18,275	05
Douanes, droits d'entrée et domaine d'occident.	84,723	41
Francisations et congés.	2,352	00
Cinq centimes additionnels.	5,096	95

268,738 50

Soustraction faite de cette somme , il reste pour recette , appartenant à l'exercice de 1815. . . . . 3,415,351 55

Nous venons de voir que les recettes de 1814 s'élèvent à. . 268,738 50

Les dépenses de cet exercice se sont élevées ; savoir :

	fr.	c.
Traitemens, appointemens et solde. . . .	206,979	73
Dépenses assimilées à la solde.	36,105	48
Salaires d'ouvriers	5,081	89
Approvisionnemens.	51,139	51
Hôpitaux. (Dépense spéciale).	7,524	90
Vivres.	106,413	69
Diverses dépenses.	53,383	69
TOTAL. . . .	446,638	89
Recette.	268,738	50

Excédent de la dépense. . . . . 177,900 59 qu'il a fallu couvrir par les fonds de 1815.

Les dépenses de 1815 , reconnues et acquittées au 31 décembre , sont :

	fr.	c.
Traitemens, appointemens et solde, ci. . .	1,183,408	33
Dépenses assimilées à la solde.	133,146	35

	fr.	c.
D'autre part.	1,316,554	68
Salaires d'ouvriers	224,637	45
Approvisionnemens.	380,850	22
Hôpitaux. (Dépense spéciale).	33,994	54
Vivres.	657,500	48
Diverses dépenses.	195,256	08
Total.	2,808,773	45
Excédent de dépense de 1814.	177,900	39
	2,986,673	39

	fr.	c.
Ces dépenses déduites de la recette de 1815.	3,415,351	55
	2,986,673	84
Reste.	428,677	71

De cette somme, il faut retrancher les taxations du receveur-général, à raison de un et un quart pour cent. 45,272 60

| Reste. | 383,405 | 11 |

À cette somme, il faut ajouter ce qui restait à recouvrer des impositions directes 350,794 80

| Somme. | 734,199 | 91 |

Mais il faut retrancher de cette somme les dépenses de l'exercice de 1815, reconnues et acquittées depuis le 31 décembre jusqu'à ce jour. 287,717 47

| Reste. | 446,482 | 44 |

De ce résultat, il y aura à déduire les non-valeurs sur la recette à opérer, et le montant de quelques dépenses non encore reconnues et acquittées. Mais il convient d'y ajouter la valeur des approvisionnemens payés, mais non encore consommés, et qui sont en magasin. Il y a aussi à recouvrer quelques avances faites pour la colonie de la Guadeloupe ; en sorte qu'on peut évaluer l'excédent de recette de 1815, applicable aux dépenses de 1816, à quatre cent mille fr. , en observant que les dépenses payées pour la marine, et comprises dans cet exposé, s'élèvent à cinq cent cinquante-sept mille deux cent treize fr. cinquante-trois centimes ; savoir :

		fr.	c.
Le vaisseau le *Lys*		11,785	3o
le *Marengo*		2,206	o5
La corvette le *Vesuve*		37,794	91
La frégate l'*Erigone*		37,912	oo
l'*Hermione*		51,479	15
la *Méduse*		6,587	92
la *Duchesse d'Angou-*			
lême		1o5,5go	85
La corvette l'*Aigrette*		2,151	66
La gabarre la *Panthère*		5,219	75
l'*Expéditive*		6,328	76
Le brick l'*Actéon*		117,792	12
l'*Agile*		4,095	oo
le *Silène*		14,024	37
l'*Euriale*		14,067	96
L'aviso le *Messager*		86,878	o5
La mouche n° 14		16,722	97
Le brick le *Diligent*, mis en service			
pour le Roi		49,875	91
La goëlette l'*Espérance*, idem . . .		5,184	14
la *Marie*, idem . . .		1,516	66
Total . . .		557,213	53

Vous aurez probablement remarqué, Messieurs, que la somme énoncée pour la dépense des hôpitaux est très-peu considérable, et je vous induirais peut-être en erreur, si je m'abstenais de toute explication sur ce point. Cette somme ne se compose que de quelques articles qui sont entrés dans ce chapitre ; le surplus se trouvant confondu dans les autres chapitres, tels que vivres et approvisionnemens. Je dois même convenir que les hôpitaux ont été un peu dispendieux, proportionnellement au nombre des malades. Les circonstances n'ont pas permis qu'ils fussent mis à l'entreprise dès l'année dernière. Ils y sont actuellement, et le marché en a été conclu à des conditions raisonnables.

Quant aux bâtimens publics, la dépense a été forte ; mais elle était indispensable. Elle se trouve ici confondue principalement dans les deux chapitres : *salaire d'ouvriers et approvisionnemens*, qui s'élèvent, pour l'exercice de 1815, l'un à deux cent vingt-quatre mille six cent trente-sept francs quarante-cinq centimes, l'autre à trois cent quatre-vingt mille huit cent cinquante francs vingt-deux centimes. Toutefois, dans ces deux sommes, beaucoup d'articles concernent la marine royale. Ainsi que j'ai eu l'honneur de vous le dire, Messieurs, je pourrai, lors de la séance de mai, vous faire connaître avec précision l'application des matériaux et des salaires d'ouvriers. En attendant, voici les principaux ouvrages exécutés en tout ou en partie.

Un hôpital au fort Bourbon : cette position ayant été jugée préférable à celle de l'ancien hôpital. On y a ajouté un logement pour les officiers de santé. On était au moment d'établir les malades dans ce nouvel hôpital, lorsque l'occupation des forteresses par les troupes de Sa Majesté britannique, a suspendu cette opération. Les casernes du fort Bourbon et les logemens de la redoute ont été réparés.

Il a été fait aussi quelques réparations à l'ancien hôpital, dont il fallait se servir en attendant que le nouveau fût achevé.

Au fort Saint-Louis, le pavillon du commandant a été remis à neuf; les casernes, les citernes, la poudrière ont été réparées.

En ville, il a été fait des réparations à l'hôtel du génie, au logement de l'aide-major de place, au quartier bleu, au quartier Saint-Louis, au magasin général. La restauration du grand gouvernement a été commencée. Il a été fait des agrandissemens et des améliorations à la résidence de M. le gouverneur-général, à Bellevue.

A Saint-Pierre, l'hôpital, les casernes, les corps-de-garde, ont été réparés.

Il reste sans doute beaucoup à faire pour remettre les choses à cet égard en l'état où elles doivent être. J'estime qu'il sera nécessaire d'appliquer annuellement, durant quatre années encore, trois à quatre cent mille francs à ce chapitre de dépenses.

Je passe, Messieurs, à ce qui concerne l'administration municipale. Cette administration se divise en trois branches. Celle générale et qui embrasse la colonie entière; celle particulière à la ville du Fort-Royal; celle particulière à la ville de Saint-Pierre.

Les recettes municipales générales, à savoir : nègres justiciés, cabarêts, colportage, droits sur les canots, libertés, se sont élevés, y compris les cinq centimes additionnels, à. . .

	fr.	c.
Les recettes municipales générales . . .	130,976	97
Et les dépenses, qui sont toutes reconnues et acquittées, montent à. . .	117,542	08
Excédent de recette. . .	13,434	89
Il reste à recouvrer environ. . .	25,500	00
Total applicable aux dépenses de 1816. . .	38,934	89

Cet excédent de recette serait plus considérable encore, si ce n'était une dépense extraordinaire qui s'est présentée. M. le gouverneur-général, toujours occupé de ce qui peut être utile à la colonie, n'a pas négligé l'occasion de lui assurer l'avantage d'une bonne institution pour l'éducation des jeunes colons. Le collége connu sous le nom d'*Ecole de Saint-Victor,* dont le révérend père Charles, préfet apostolique, de vénérable mémoire, avait obtenu la fondation au Fort-Royal par lettres-patentes du Roi, en l'année 1768, était un de ces bienfaits de nos princes légitimes que les orages de la révolution avaient enlevés à la Martinique. Depuis quelques années, et tandis que la colonie était gouvernée au nom du roi d'Angleterre, cet établissement avait semblé renaître à Saint-Pierre; mais administré pour le compte d'un particulier, il allait encore tomber par la retraite de ce particulier, quand M. le comte De Vaugiraud résolut de le rétablir sur ses anciennes bases et de l'améliorer. Vous jugez, Messieurs, avec quel empressement j'ai concouru à l'exécution de ce louable dessein; en conséquence, le mobilier qui appartenait au propriétaire de l'entreprise a été acheté des deniers municipaux. Cette dépense, y compris quelques réparations faites aux bâtimens, s'est élevée à vingt-six mille trois cent quatorze francs trente centimes.

Il a été fait en outre quelques avances de la caisse royale pour soutenir l'établissement dans les premiers momens où sa recette était nulle; mais j'ai la satisfaction de vous informer que depuis, il se soutient par lui-même et de manière à pouvoir rembourser peu à peu ces avances, quoique le nombre des élèves ne soit pas encore très-considérable, et que le prix de la pension ait été diminué. Il est aujourd'hui démontré que, lorsque le nombre des élèves sera augmenté dans la mesure que la population de l'île comporte, il y aura un excédent de recette qui permettra d'accroître les moyens d'instruction, et d'admettre gratuitement quelques élèves, en soulageant ainsi des colons recommandables chargés d'une nombreuse famille. L'intention de M. le gouverneur, à laquelle la mienne est entièrement conforme, est de procurer à cet établissement tous les moyens d'être de premier ordre. Déjà il est dirigé par un proviseur de grande capacité et pourvu de bons professeurs. C'est aux colons eux-mêmes aujourd'hui à seconder les efforts du gouvernement en profitant de cette utile institution. Il ne tient qu'à eux que ce collége ne le cède en rien à aucun des meilleurs colléges de la métropole. Un nombre suffisant d'élèves est le point essentiel.

Ce n'était pas le tout de s'occuper de l'éducation des jeunes garçons; le cri public réclamait une bonne institution dans chacune des deux villes pour celles des jeunes filles. Grâces à la sollicitude de M. le gouverneur-général, une très-bonne maison d'éducation va être établie à Saint-Pierre, dans l'ancien couvent des dames dominicaines. Des dames très-distinguées, et dignes à tous égards de la confiance du gouvernement et de celle du public, sont arrivées depuis peu de France pour diriger cette maison. Des fonds pris sur les deniers municipaux sont déjà affectés aux dépenses que nécessitent la réparation des bâtimens et les frais d'installation. Dans trois ou quatre mois, cette maison sera en mesure de recevoir quatre-vingt pensionnaires.

L'ancien local des dames de la Providence au Fort-Royal, a été réservé pour un établissement semblable qui sera fait le plus tôt possible. Le temps est nécessaire pour l'exécution des divers projets conçus, soit à cet égard, soit en d'autres parties de l'administration intérieure de la colonie.

Pour achever ce qui est relatif à l'administration municipale générale de la colonie, il me reste à vous parler des impositions relatives à la confection et à l'entretien des chemins publics.

	fr.	c.
Les recettes en cette partie se sont élevées à.	121,319	07
Les dépenses ne s'élèvent encore qu'à.	30,540	86
L'excédent de recette est donc de.	90,778	21
Il reste à recouvrer.	1,652	40
Total.	92,430	61

L'année dernière, après avoir pris connaissance de l'état des choses, qui était extrêmement fâcheux en cette partie, après avoir fait quelques dispositions préalables, le gouvernement allait profiter du reste de la saison favorable pour faire exécuter ceux des travaux les plus urgens que la recette de l'année permettait d'entreprendre, lorsque les évènemens politiques sont survenus. En ce moment, Messieurs, cette partie du service prend de l'activité. Ce qui reste en caisse de la recette de 1815, et toute celle de 1816, vont être employés; mais ces fonds ne sont qu'une bien faible partie de ceux nécessaires pour conduire à sa fin cette entreprise telle qu'elle a été conçue, même en rectifiant le plan général dans diverses parties, et en élaguant ce qu'il présentait de trop dispendieux. Toutefois, avec l'aide de quelques efforts des colons, on parviendra, j'espère, en peu d'années, à mettre tous les chemins de l'île en un état satisfaisant. Mon dessein n'est pas de traiter en ce moment cette matière à fonds, puisqu'il ne s'agit que d'un exposé de la situation des finances; je poursuis donc cet exposé, en passant à l'administration municipale des deux villes.

fr.   c.

La recette du Fort-Royal est bornée à une taxe sur les maisons. Cette recette ne s'élève jusqu'à présent qu'à 3,544 92

Les dépenses, qui sont toutes payées par emprunt d'autre caisse, s'élèvent à. 10,698 74

Déficit. 7,153 82

Mais il reste à recouvrer. 7,089 83

Le déficit à couvrir par la recette de 1816 ne sera donc, sauf les non-valeurs, que de. 63 99

La recette de Saint-Pierre s'élève à. 27,708 21

Elle se compose de taxes sur les esclaves, sur les loyers des maisons, sur les hangards et les cabrouets.

Les dépenses, toutes également payées, se sont élevées à. . . . 56,650 16

Déficit. 28,941 95

Mais il reste à recouvrer. 56,387 28

L'excédent applicable aux dépenses de cette année sera donc, sauf les non-valeurs, de. 27,445 33

Vous aurez sans doute remarqué, Messieurs, que les recouvremens à faire des impositions de l'année 1815, s'élèvent à des sommes plus fortes qu'on ne devait s'y attendre. Vous avez là une preuve convaincante de la supériorité du mode d'imposition adopté pour la majeure partie de l'île, je veux dire pour les grandes cultures, sur le mode anciennement usité. La perception se faisant sur la denrée, au fur et mesure de son exportation, tout est en caisse le 31 décembre, alors que la perception des impôts directs présente mille difficultés et une lenteur extrême. En effet, les rôles pour l'imposition royale s'élèvent à. 463,380 50

Et la recette, y compris celle qui a été opérée depuis deux mois (79,928 francs 18 centimes), ne s'élève qu'à. 209,206 65

Reste à recouvrer, non compris les cinq centimes additionnels qui ne suffiront pas à couvrir les non-valeurs. . . . . . 254,173 85 c'est-à-dire plus de moitié.

Vous sentez combien il me sera pénible de recourir aux voies de contrainte ; mais il faudra bien en venir là si des avertissemens maintes fois répétés demeurent sans effet. Je me plais encore à croire que j'en serai dispensé, et que les contribuables en retard, sans doute par négligence et non par une mauvaise volonté que je ne saurais supposer, vont s'empresser de s'acquitter.

Il me reste à vous faire connaître, Messieurs, les résultats de quelques dispositions particulières relatives à la direction du domaine et des douanes. Depuis long-temps ce qui se pratique sous le gouvernement anglais était en usage ici, par rapport aux émolumens connus sous le nom de *fees*, que payent aux officiers de la douane les capitaines des bâtimens, suivant leur tonnage et l'espèce de leur expédition. Tous les étrangers qui commercent avec cette île étaient habitués à payer cette espèce de droits, de même qu'ils les payent dans toutes les colonies environnantes. Il a été jugé convenable de maintenir cet état de choses, et de faire à cet égard, le jour de la reprise de possession, ce qui se faisait la veille. Néanmoins le tarif a été modéré, et réduit même sur quelques points au-dessous d'aucun de ceux en usage dans les colonies de cet archipel. En outre, quoique sous le gouvernement anglais les bâtimens nationaux soient assujettis à ces droits, les nôtres en ont été affranchis, et ils ne se perçoivent que sur les étrangers. Mais ces droits, dont le produit dans les douanes anglaises appartient entièrement aux officiers de ces douanes, sont devenus ici maintenant un revenu public. Ils sont mis en masse. Tous les mois on prélève d'abord, sur cette masse, le traitement fixe des officiers du domaine et tous les frais du gouvernement en cette partie. Ensuite une répartition est faite, d'après une règle de proportion pour les différens grades; mais cette répartition ne peut excéder un maximum déterminé. J'ai la satisfaction de vous informer qu'après avoir soulagé la caisse royale de soixante-dix mille francs environ, montant des traitemens fixes et des frais, après avoir pourvu aux améliorations de traitement jusqu'à la concurrence du maximum, cette caisse particulière était, au trente-un décembre dernier, riche de cent vingt mille francs, quoi-qu'elle eût déjà fourni à peu près trente-quatre mille francs pour la construction de l'hôtel du Domaine, dans le même emplacement où il existait autrefois, et fait cinq à six mille francs d'avances remboursables. Cet hôtel, solidement construit et spacieux, sera entièrement achevé dans quatre mois, et aura coûté environ quatre-vingt mille francs. Le loyer d'une maison où le domaine est actuellement installé d'une manière peu convenable à tous égards, est égal à l'intérêt de ce capital; ce loyer cessera. Le terrain appartenant au Roi, sur lequel cet hôtel du Domaine a été construit, s'étend jusque sur la rue de l'Intendance. Le projet est de placer de ce côté un second édifice qui sera distribué de manière à y loger le commissaire d'administration chargé en chef du service à St.-Pierre, le commissaire-inspecteur et le trésorier receveur-général. Le bureau des classes trouvera aussi sa place dans la même enceinte.

Cette réunion sera infiniment commode pour le public. Elle le sera pour l'intendant, qui aura tous les bureaux auprès de lui. Le service se fera avec plus de promptitude et de facilité ; plusieurs loyers cesseront ; ces édifices embelliront la ville ; enfin la dignité du gouvernement en sera mieux conservée. La caisse particulière du domaine fournira les fonds nécessaires à l'exécution de ce projet, en sorte que l'année prochaine on jouira de tous ces établissemens sans qu'ils aient rien coûté à la caisse royale ni à la caisse municipale.

Tel est, Messieurs, l'état actuel des finances dans cette colonie ; je désire que vous en soyez satisfaits. Mes efforts constans tendront à l'améliorer encore. Je compte sur vos lumières, vos avis et vos conseils pour atteindre ce but. J'en ai tiré avantage dans trop de circonstances pour n'en pas connaître le prix.

Ledit compte ouï, M. le Doyen a remercié M. l'Intendant, au nom de la cour, de la marque de confiance et d'attachement qu'il vient de lui donner, et il l'a félicité de l'heureuse situation des finances de la Colonie.

Ensuite, et ce requérant le Procureur-général du Roi,

La cour a donné acte à M. l'Intendant de la communication de son compte relatif à l'administration des finances de la Colonie, à partir de l'époque où il a pris les rênes de cette administration jusqu'au 31 décembre de l'année dernière 1815.

Fait en la cour, le 8 mars 1816.

Le Greffier en chef,

Signé RONDEAU.